A Crabtree Roots Book
Collection Crabtree « Les racines »

Farm Animal Friends

Nos Amis Les Animaux de la Ferme

PIGS
LES COCHONS

AMY CULLIFORD

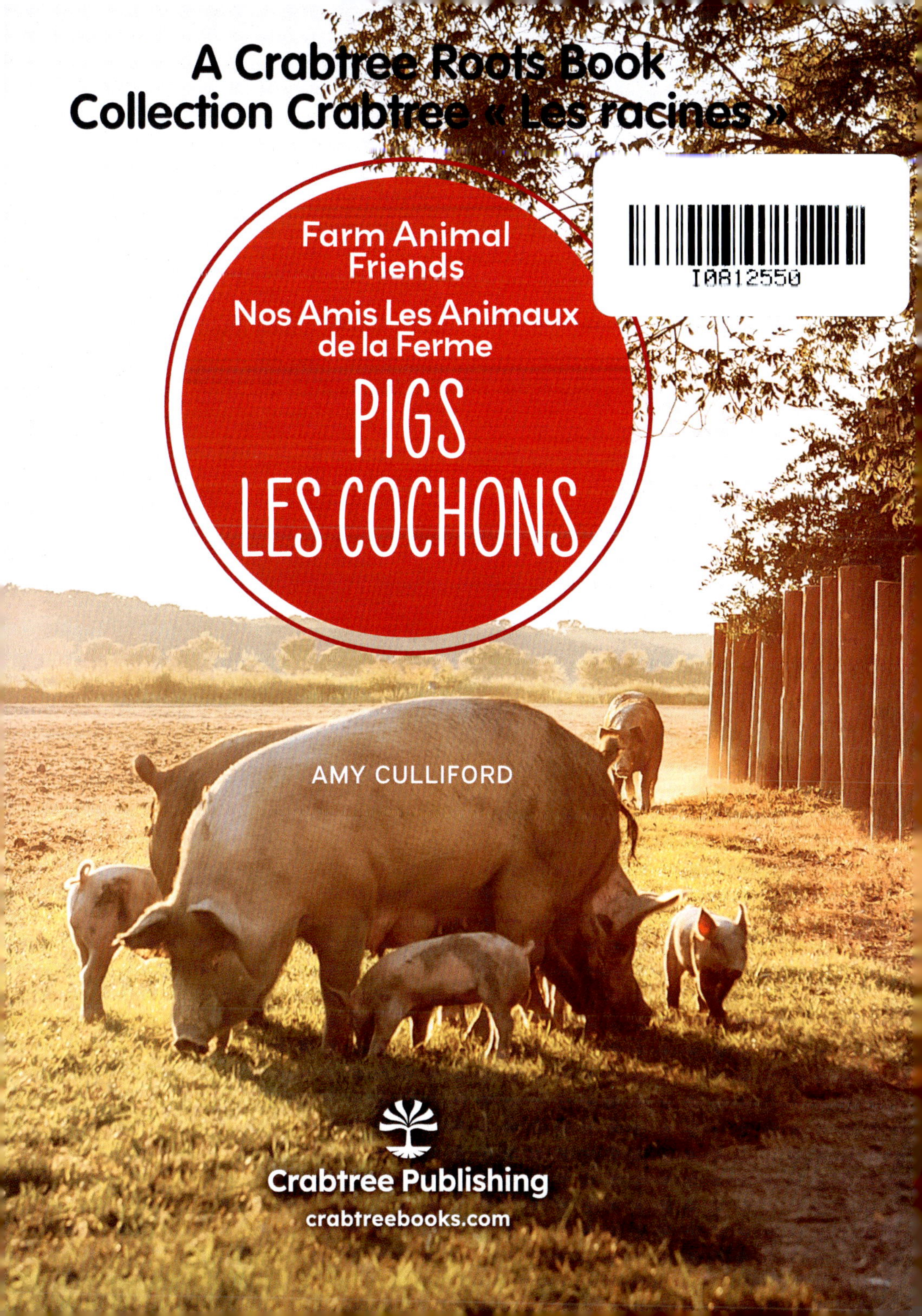

Crabtree Publishing
crabtreebooks.com

School-to-Home Support for Caregivers and Teachers

This book helps children grow by letting them practice reading. Here are a few guiding questions to help the reader with building his or her comprehension skills. Possible answers appear here in red.

Before Reading:

- What do I think this book is about?
  - *This book is about pigs.*
  - *This book is about pigs that live on farms.*
- What do I want to learn about this topic?
  - *I want to learn what pigs eat.*
  - *I want to learn what colors a pig can be.*

During Reading:

- I wonder why...
  - *I wonder why some pigs are pink.*
  - *I wonder why pigs say oink.*
- What have I learned so far?
  - *I have learned that pigs can be big or little.*
  - *I have learned that pigs can be different colors.*

After Reading:

- What details did I learn about this topic?
  - *I have learned that pigs can have spots.*
  - *I have learned that pigs eat a lot.*
- Read the book again and look for the vocabulary words.
  - *I see the word **pink** on page 8 and the word **spots** on page 10. The other vocabulary words are found on page 14.*

Soutien de l'école à la maison pour les gardien(ne)s et les enseignant(e)s.

Ce livre aide les enfants à se développer grâce à la pratique de la lecture. Voici quelques exemples de questions pour aider le(a) lecteur(-trice) à développer ses capacités de compréhension. Des suggestions de réponses sont indiquées en rouge.

Avant la lecture

- De quoi ce livre parle-t-il?
  - *Ce livre parle des cochons.*
  - *Ce livre parle des cochons vivant sur une ferme.*
- Qu'est-ce que je veux savoir sur ce sujet?
  - *Je veux savoir ce que mangent les cochons.*
  - *Je veux savoir de quelles couleurs peut être un cochon.*

Durant la lecture

- Je me demande pourquoi...
  - *Je me demande pourquoi certains cochons sont roses.*
  - *Je me demande pourquoi les cochons font groin.*
- Qu'est-ce que j'ai appris jusqu'à présent?
  - *J'ai appris que les cochons pouvaient être gros ou petits.*
  - *J'ai appris que les cochons pouvaient être de différentes couleurs.*

Après la lecture

- Nomme quelques détails que tu as retenus.
  - *J'ai appris que les cochons peuvent avoir des taches.*
  - *J'ai appris que les cochons mangent beaucoup.*
- Lis le livre à nouveau et recherche des mots de vocabulaire.
  - *Je vois le mot **roses** à la page 8 et le mot **taches** à la page 11. Les autres mots de vocabulaire se trouvent à la page 14.*

This is a **pig**.

Voici un **cochon**.

Some pigs are big.

Certains cochons sont gros.

Some pigs are little.

Certains cochons sont petits.

Pigs can be **pink**, black, or brown.

Les cochons peuvent être **roses**, noirs ou bruns.

Some pigs have **spots**!

Certains cochons ont des **taches**.

Pigs eat all day long.

Les cochons mangent toute la journée.

All pigs say, *oink*!

Tous les cochons font : *groin*!

Word List

Sight Words

a
all
are
be
big
black
brown
can
eat
have
is
little
say
some
this

Liste de mots

Les mots utilisés

bruns
certains
des
être
font
groin
gros
la
les
mangent
ont
ou
sont
tous
toute
un

Words to Know

pig

pink

spots

La boîte à mots

cochon

roses

taches

32 Words

This is a **pig**.
Some pigs are big.
Some pigs are little.
Pigs can be **pink**, black, or brown.
Some pigs have **spots**!
Pigs eat all day long.
All pigs say, *oink!*

35 mots

Voici un **cochon**.
Certains cochons sont gros.
Certains cochons sont petits.
Les cochons peuvent être **roses**,
noirs ou bruns.
Certains cochons ont des **taches**.
Les cochons mangent toute la journée.
Tous les cochons font : groin!

Farm Animal Friends

Nos Amis Les Animaux de la Ferme

PIGS
LES COCHONS

Written by/Autrice: Amy Culliford
Designed by/Conception: Rhea Wallace
Series development/Développement des séries: James Earley
Proofreader/Relectrice: Kathy Middleton
Educational consultant/Conseillère pédagogique: Christina Lemke M.Ed.
Translated by/Traduction: Claire Savard

Photographs/Photographies:
Shutterstock : Irina Kozorog : couverture (haut à gauche); Alexander Raths : couverture (haut à droite); ArtbyPixel : couverture (bas); ccpixxphotography : p. 1; Konmac : p. 3, 4 5, 14; sinagrafie : p. 7; C.Lotongkum : p. 9 (t), 14; Juan Aunion : p. 9 (b); acceptphoto : p. 10 11, 14; QiuJu Song : p. 12; Eric Buermeyer : p. 13

Crabtree Publishing

crabtreebooks.com 800-387-7650

Published in Canada
Publié au Canada
Crabtree Publishing
616 Welland Ave.
St. Catharines, Ontario
L2M 5V6

Published in the United Stat
Publié aux États-Unis
Crabtree Publishing
347 Fifth Avenue,
Suite 1402-145
New York, NY, 10016

Paperback 978-1-0398-5080-4
Ebook (pdf) 978-1-0398-5122-1
Epub 978-1-0398-5164-1

Printed in Canada/122023/CP20231124

Library and Archives Canada Cataloguing in Publication
Available at the Library and Archives Canada

Library of Congress Cataloging-in-Publication Data
Available at the Library of Congress